Comment vivre
ENSEMBLE
quand on ne vit
PAS PAREIL ?

Dans la même collection :

Pourquoi les riches sont-ils de plus en plus riches et les pauvres de plus en plus pauvres ?
Monique et Michel Pinçon-Charlot, Étienne Lécroart

Liberté d'expression : a-t-on le droit de tout dire ?
Daniel Schneidermann, Étienne Lécroart

Osons la politique !
Caroline De Haas, Camille Besse

L'Homme est-il un animal comme les autres ?
Jean-Baptiste de Panafieu, Étienne Lécroart

Les règles… quelle aventure !
Élise Thiébaut, Mirion Malle

Ce que pèsent les mots
Lucy Michel, Mirion Malle

Sous nos yeux. Petit manifeste pour une révolution du regard
Iris Brey, Mirion Malle

Internet aussi, c'est la vraie vie !
Lucie Ronfaut-Hazard, Mirion Malle

Tu n'es pas obligée
Ovidie, Diglee

© la ville brûle 2016
éditions la ville brûle
36 rue Parmentier – 93100 Montreuil
www.lavillebrule.com

Isbn : 978-2-36012-071-0

Comment vivre ENSEMBLE quand on ne vit PAS PAREIL ?

Christian Baudelot
Joël Candau
Barbara Cassin
Philippe Descola
Stéphane François
Maurice Godelier
Françoise Héritier
Bernard Lahire
Jean-Loïc Le Quellec
Fabien Truong

Dessins : Étienne Lécroart

SOMMAIRE

	Les auteurs	7
	Introduction	8
1	**Qu'est-ce que l'anthropologie ?** Maurice Godelier	10
2	**C'est comment, une vie d'anthropologue ?** Maurice Godelier	12
3	**Les sciences de l'Homme sont-elles de vraies sciences ?** Bernard Lahire	14
4	**Comment savoir-vivre... ensemble ?** Françoise Héritier	16
5	**Qu'est-ce qu'une culture ?** Philippe Descola	20
6	**Le monde est une maison, son mobilier est important !** Philippe Descola	22
7	**Des cultures différentes disent-elles toujours des choses différentes ?** Barbara Cassin	24
8	**Anthropocentrisme : attention, danger !** Philippe Descola	26
9	**Nous, êtres humains, que partageons-nous vraiment ?** Joël Candau	30
10	**Qu'est-ce que la mémoire collective ?** Joël Candau	32

11	Pour s'intégrer à une nouvelle culture, faut-il remettre la sienne en cause ? Christian Baudelot	36
12	Et quand on vit entre deux cultures ? Fabien Truong	38
13	Les Hommes ont-ils besoin des dieux ? Françoise Héritier	42
14	À chaque culture ses croyances ? Jean-Loïc Le Quellec	44
15	D'où viennent les mythes et à quoi servent-ils ? Jean-Loïc Le Quellec	46
	Un mythe voyageur... Jean-Loïc Le Quellec	48
16	Mythologie et religion : est-ce pareil ? Jean-Loïc Le Quellec	50
17	Fabrique-t-on encore des mythes aujourd'hui ? Stéphane François	54
18	La République est-elle construite sur des mythes ? Stéphane François	56
19	Qu'est-ce qui fait de nous une société ? Christian Baudelot	58
20	Les valeurs de la République sont-elles universelles ? Christian Baudelot	60
	Remerciements	62

LES AUTEURS

Christian Baudelot est professeur émérite de sociologie au département de sciences sociales de l'École normale supérieure (Paris) et chercheur au Centre Maurice-Halbwachs (CNRS/EHESS/ENS).

Joël Candau est professeur d'anthropologie à l'université de Nice-Sophia Antipolis et membre du Laboratoire d'anthropologie et de psychologie cognitives et sociales.

Barbara Cassin est philosophe et directrice de recherche émérite au CNRS.

Philippe Descola est chercheur au Laboratoire d'anthropologie sociale (CNRS/Collège de France/EHESS) et titulaire de la chaire d'Anthropologie de la nature au Collège de France.

Stéphane François est historien des idées et politologue, chercheur associé au Groupe sociétés, religions, laïcités (GSRL) du CNRS.

Maurice Godelier est anthropologue et directeur d'études à l'École des hautes études en sciences sociales.

Françoise Héritier est anthropologue et professeure honoraire au Collège de France et à l'École des hautes études en sciences sociales.

Bernard Lahire est sociologue, professeur de sociologie à l'École normale supérieure de Lyon et directeur de l'équipe Dispositions, pouvoirs, cultures, socialisations du Centre Max-Weber.

Jean-Loïc Le Quellec est anthropologue, mythologue, préhistorien et directeur de recherche à l'Institut des mondes africains du CNRS.

Fabien Truong est sociologue et professeur agrégé à l'université de Paris 8.

INTRODUCTION

Les humains ont tous quelque chose en commun : ils sont différents ! Nous, professeurs et lycéens du lycée Le Corbusier, sommes bien placés pour le savoir puisque notre lycée de Seine-Saint-Denis abrite des jeunes et des adultes originaires de 70 pays différents. 70 pays, c'est 70 cultures, traditions, visions du monde, auxquelles viennent s'ajouter nos autres appartenances : nous faisons partie de la même société, mais chacun d'entre nous appartient aussi à une culture, une famille, un quartier, un groupe d'amis, des réseaux sociaux… Alors cette richesse est aussi parfois source de malentendus ! C'est pour réfléchir à cela qu'est né le projet « Anthropologie pour tous ».

On entend souvent dire que les différences culturelles dressent des frontières entre nous : comment faire si on n'est pas de la même religion, si on n'a pas la même vision du monde, si on ne se salue pas de la même façon, si on ne mange pas la même chose ? Pour nous aider à comprendre que la société dans laquelle nous vivons peut et doit être construite à partir de nos différences, et non contre elles, nous avons fait appel à de grands savants : des ethnologues, des anthropologues, des sociologues… Leurs sujets d'étude, ce sont les humains, les cultures, les sociétés, les modes de vie.

Pendant toute une année, nous avons travaillé avec eux pour répondre à cette question : comment vivre ensemble quand on ne vit pas pareil ?

Avec eux, nous avons appris et compris l'importance de l'étude des sociétés humaines : pour s'entendre, il faut se connaître et se comprendre. Ce travail s'est achevé par un colloque qui a eu lieu en juin 2015 au théâtre de la Commune d'Aubervilliers.

Tous ces grands chercheurs ont répondu aux questions que nous nous posions et que nous avions préparées pour eux et avec eux. Ils nous ont permis de comprendre la diversité des cultures, des appartenances et des identités. C'est tout cela que nous allons maintenant partager avec vous car, nous le savons à présent, la découverte de l'autre est la seule méthode valable pour construire une société réellement libre, égalitaire et fraternelle. Alors c'est parti... anthropologie pour tous !

1   QU'EST-CE QUE L'ANTHROPOLOGIE ?
(Maurice Godelier)

L'anthropologie, c'est l'étude de toutes les formes de sociétés et de cultures.

Au début, l'anthropologie était surtout une affaire occidentale. Il ne faut pas s'en cacher : l'anthropologie est née dans le cadre de l'expansion dominatrice de l'Occident, c'est-à-dire la conquête d'autres pays, aussi bien par le commerce que par la colonisation. N'oubliez pas que du XVIe au XIXe siècle, coloniser c'était « civiliser » et christianiser. On parle donc ici de gigantesques opérations de domination culturelle et politique. Cependant, il y avait également une volonté et une obligation de connaître les autres. Ces premiers observateurs (missionnaires, militaires et administrateurs) apprenaient les langues, notaient les coutumes : c'est le premier noyau de l'anthropologie.

Vers 1850-1855 intervient une rupture. Les Indiens d'Amérique, parqués dans des réserves, menaient une vie de ghetto. C'est à ce moment-là que sont apparus aux États-Unis les premiers anthropologues « professionnels », tel Morgan. Au départ, celui-ci n'était pas du tout un anthropologue mais un avocat qui s'intéressait aux Indiens. Il était assez riche pour pouvoir arrêter de travailler, et il s'est mis à enquêter de tribu en tribu.

> Lewis Henry Morgan (1818-1881) est considéré comme l'un des fondateurs de l'anthropologie avec l'Anglais Edward Tylor (1832-1917).

Au XIXe siècle, on utilisait le terme d'anthropologie pour désigner l'anthropologie physique, qui croyait pouvoir classer les supposées « races humaines » selon les caractéristiques de leurs crânes. L'anthropologie sociale, qui est l'anthropologie que l'on pratique aujourd'hui, et qui étudie les sociétés humaines, n'existait pas. À l'époque on appelait cela l'« ethnologie » (qui vient du mot « ethnie »).

> Une ethnie est un ensemble de groupes humains ayant une origine commune, parlant des langues qui se ressemblent et partageant des principes d'organisation de la société, des représentations et des valeurs communes.

Au XXᵉ siècle, deux événements mondiaux ont changé la place de l'anthropologie : la disparition des empires coloniaux et la disparition des systèmes socialistes. À partir de ce moment, la position de l'Occident par rapport au reste du monde a changé. Aujourd'hui, l'anthropologie étudie toutes sortes de réalités sociales, des réalités qui ne sont plus du tout liées à l'Occident – sa terre natale – ou aux empires coloniaux. L'anthropologie actuelle est une discipline qui étudie les faits sociaux, avec ses méthodes spécifiques : pour faire de l'anthropologie, il faut s'immerger profondément dans une société : cela prend du temps de comprendre une société, la vie économique, sociale et culturelle d'un groupe et le sens que celui-ci a donné à son existence.

2 C'EST COMMENT, UNE VIE D'ANTHROPOLOGUE ?
(Maurice Godelier)

Les anthropologues sont des chercheurs qui travaillent « sur le terrain ». Et ce que l'on appelle « le terrain », c'est… chez les autres ! Quand vous arrivez chez des gens, surtout sans y avoir été invité, il faut d'abord se faire accepter. Vous devez leur expliquer que vous venez pour vivre avec eux, pour comprendre ce qu'ils sont et comment ils font. Une fois que les habitants vous ont accepté, vous vous livrez à ce qu'on appelle « l'observation participante ». Cela signifie que vous vivez avec les gens, que vous participez à leurs activités, tout en les observant.

La vie offre trois domaines d'observation : le premier, c'est la vie de tous les jours ; le deuxième, c'est l'observation des faits qui ne sont pas quotidiens, mais qui sont prévisibles (la naissance,

la maladie, la mort… : êtes-vous invité aux funérailles ? Quelle attitude allez-vous avoir ? Comment allez-vous observer ceux qui se rassemblent autour d'un mort ?) ; le troisième domaine à étudier est celui des fêtes, des rites, des pratiques collectives.

> Les rites sont les règles et cérémonies en usage dans une société.

Selon vos qualités d'empathie et d'observation, vous allez entrer dans cette société et en découvrir le fonctionnement. Cela implique que vous appreniez la langue, que vous ayez votre carnet de notes pour écrire ce que vous observez. En fait, vous êtes comme un élève. Combien de fois sur le terrain on m'a dit : « Maurice, ça fait trois fois qu'on t'a déjà expliqué ça, tu ne comprends donc jamais rien… » Et en effet, comprendre une façon de vivre, de s'organiser, les relations entre les gens, les rites, etc., ce n'est pas évident quand on est issu d'une autre culture.

> L'empathie, c'est le fait d'arriver à se mettre à la place de quelqu'un d'autre et d'imaginer ce que cette personne ressent.

J'ai passé sept ans (répartis sur 20 années) chez les Baruya, en Nouvelle-Guinée. J'ai passé beaucoup de temps dans les jardins avec les gens, tous les jours, pour apprendre à connaître les plantes cultivées, la nature des sols, le travail de la terre. J'apprenais de façon concrète et les gens étaient fiers de pouvoir m'expliquer : « Tu vois, le maïs et les patates douces, tu les mets ici. – Ne marche pas là, Maurice, car c'est une plante sacrée, et là non plus », etc. Pendant plus d'un an, j'ai fait ce travail. Ils m'ont intégré dans leur vie, grâce à cette présence quotidienne et pratique, et ils m'ont vraiment éduqué.

3 LES SCIENCES DE L'HOMME SONT-ELLES DE VRAIES SCIENCES ?
(Bernard Lahire)

Oui, les humains sont un objet d'études scientifiques ! Certains chercheurs étudient les bactéries, les planètes ou les mathématiques, et d'autres étudient les humains, leur histoire, leurs modes de vie, leurs sociétés, leurs langues...

Les sciences de l'Homme sont très utiles : elles nous permettent d'expliquer et de comprendre la réalité du monde dans lequel nous vivons, de comprendre comment vivent les hommes. Or pour vivre ensemble, il est indispensable de se connaître.

> Parmi ce qu'on appelle les « sciences de l'Homme », il y a notamment la sociologie (l'étude du monde social), l'histoire, l'anthropologie, l'économie, la mythologie (l'étude des mythes, contes et légendes), la linguistique (l'étude des langues et des langages).

Ces sciences sont de vraies sciences car leurs recherches répondent à un certain nombre d'exigences, qui sont les mêmes pour toutes les sciences. Tout d'abord, les savants doivent avoir un esprit de rigueur et de clarté : savoir de quoi on parle, définir précisément ce sur quoi on travaille, respecter le principe de non-contradiction (on ne peut affirmer une chose et son contraire), présenter clairement les résultats de ses recherches, voilà des caractéristiques de l'esprit scientifique qui anime les chercheurs, quel que soit leur sujet d'étude.

Mais contrairement aux phénomènes chimiques, physiques ou biologiques, on ne peut pas étudier les humains en laboratoire ! C'est pourquoi on dit que les sciences humaines et sociales ne sont pas des sciences expérimentales. C'est souvent ce qui fait douter de la scientificité de leurs savoirs. Mais si elles ne peuvent organiser des expériences en laboratoire, les sciences humaines et sociales mènent de leur côté des enquêtes rigoureuses : elles observent directement les gens dans leurs milieux de vie, les interrogent sur ce qu'ils font et sur ce qu'ils pensent dans le cadre d'entretiens ou de questionnaires, travaillent sur des documents archéologiques ou historiques, des archives, etc. Ces données sont ensuite analysées et interprétées par les chercheurs. C'est en cela qu'ils se distinguent de tous ceux – et ils sont très nombreux ! – qui affirment des choses sur la société sans apporter la preuve de ce qu'ils disent.

Face aux attentats, aux émeutes ou aux crimes, nous avons plus que jamais besoin de ces sciences de l'Homme et de la société pour comprendre ces phénomènes et trouver les solutions pour éviter que cela ne recommence.

4   COMMENT SAVOIR-VIVRE... ENSEMBLE ?
(Françoise Héritier)

Ce qu'on appelle le savoir-vivre, c'est la façon de se comporter en société (bien se tenir à table, savoir parler aux gens, être poli...). Chaque société est différente, et nous avons chacun nos façons de faire, qui peuvent être très différentes selon l'endroit du monde où nous vivons, mais qui sont aussi bonnes les unes que les autres.

Le vrai « savoir-vivre », c'est le « savoir vivre ensemble », celui qui permet de vivre en bonne entente avec les autres, aussi différents soient-ils de nous. Et pour cela, il n'y a pas que des bonnes manières, il y a des règles simples qui sont valables partout, dans toutes les cultures, parce qu'elles ont à voir avec notre nature humaine : respecter ses aînés (parents, grands-parents...), ne pas s'en prendre à son voisin, ne pas tuer, ne pas faire du mal aux autres. On dit de ces règles qu'elles sont universelles.

> Une expérience intéressante (mais un peu brutale, vous allez voir...) a été réalisée aux États-Unis. On a divisé une classe en deux. Une moitié de la classe est toute puissante pendant un temps : les enfants qui en font partie sont félicités, seule leur vision des choses est prise en compte, et quoi qu'ils disent ou fassent, ils ont toujours raison. Ceux qui sont de l'autre côté s'en prennent vraiment plein la figure ! Puis, au bout de huit jours, on change ; puis on change à nouveau... Il ne faut pas très longtemps pour que les enfants se mettent à la place les uns des autres et comprennent l'importance du rôle qu'on vous assigne en fonction de la vision du monde qui domine.

À côté des règles universelles, il existe une infinité de visions du monde, de façons d'être une famille, d'être un groupe d'humains, d'être une société. Mais comme on a la vue courte, on a tendance à croire que le monde est centré autour de nous, qu'il n'existe que pour nous, et à présenter notre propre culture comme la seule façon « normale » de faire et de voir les choses.

La variété des cultures est nécessaire pour pouvoir découvrir l'universel, et il ne faut jamais considérer qu'une culture pourrait s'appliquer à l'humanité tout entière. C'est justement cela le défaut de tous les fondamentalismes : dire et faire croire qu'une seule vision des choses, une seule croyance, une seule culture pourrait valoir pour tous.

Le fondamentalisme est une façon très stricte et fermée de pratiquer les religions, qui va de pair avec un comportement très méfiant envers les non-pratiquants, ou ceux qui pratiquent différemment cette religion.

Pour savoir comment vivre avec les autres, il faut les écouter et pas seulement s'écouter soi-même !

17

Travailler sur l'anthropologie m'a fait prendre conscience de toute la diversité culturelle qu'il y a dans ce monde. Ça m'a fait grandir, et m'a permis de me détacher de tous les préjugés que j'ai pu avoir, et ça m'a poussée à apprendre et à partager sur ma culture. Je sais maintenant que ce n'est qu'à travers le partage et la connaissance qu'on réussira à vivre tous ensemble.

Je me suis débarrassée des préjugés et des a priori que je pouvais avoir sur les autres cultures : en fait, je ne les connaissais pas et je me basais uniquement sur des préjugés.

Grâce à ce projet, je sais qu'il existe plein de façons de savoir qui est l'autre, à travers les spécialités culinaires, les chants, les pratiques… Et j'ai trouvé cela vraiment beau et touchant de parvenir à entendre ce que l'autre a à nous dire. On peut apprendre de tout le monde, peu importe que tu sois petit ou grand, quand on échange.

On est beaucoup moins tendu quand on parle avec l'autre de bouffe ou de musique que quand on parle de religion !

J'ai découvert des choses sur mes ancêtres, mes racines, des mythes fondateurs que ma famille et moi-même ne connaissions pas, j'ai fait un long retour vers le passé et dans les souvenirs de mon père pour essayer d'avoir des informations. Ce projet était pour moi comme un long voyage en terre inconnue, une terre inconnue qui ressemblait à la nôtre, mais avec plus de couleurs et de gaîté.

Dans le partage et dans la connaissance de l'autre, nous arriverons à vivre ensemble et à briser tous ces amalgames, ces préjugés, cette ignorance totale de l'autre. Alors asseyons-nous tous autour d'une table, écoutons nos mythes et nos chants, et je pense qu'en discutant avec l'autre on arrivera à faire changer les choses.

Traicy Boteko (élève de l'Anthropologie pour tous)

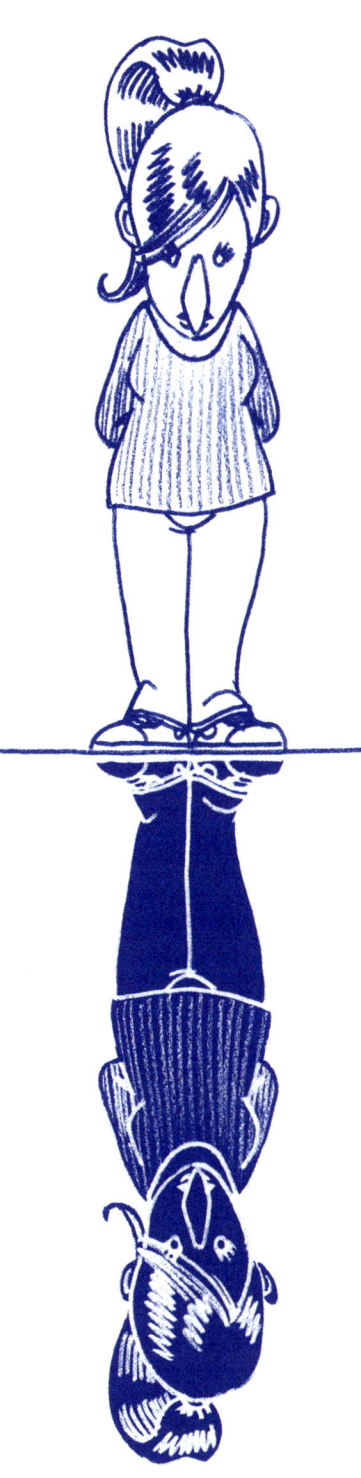

5   QU'EST-CE QU'UNE CULTURE ?
(Philippe Descola)

Chaque humain compose un monde qui lui est propre à partir des éléments qu'il a détectés dans son environnement et en fonction des habitudes de vie qu'il a prises depuis l'enfance. Ce monde a beaucoup en commun avec les mondes composés par d'autres humains proches de lui (proches parce qu'ils vivent dans le même village, la même région, le même pays, parce qu'ils ont la même histoire, le même mode de vie, la même langue). Le chevauchement de tous ces petits mondes forme un ensemble que l'on appelle « la culture ».

La culture d'un groupe humain, c'est la façon dont ce groupe perçoit et organise son monde, en tenant certaines choses pour acquises, sans que cela soit vraiment réfléchi. En Europe et en Amérique du Nord, par exemple, les moutons et les automobiles ne sont pas traités comme des personnes, on ne peut pas leur faire de procès : dans notre culture, les humains et les non-humains sont perçus comme ayant des qualités très différentes. Le fait que les humains parlent, s'imposent des règles, inventent des techniques, suffit pour nous à en faire une classe d'êtres à part (bien que la chimie et la physique des corps humains soit la même que celle des corps animaux et végétaux).

Les premiers Européens qui débarquèrent sur le littoral du Brésil furent très étonnés par ces groupes humains qui ne présentaient aucune des caractéristiques des royaumes d'Europe. En rentrant chez eux, ils ont donc rapporté que ces Indiens étaient « sans foi, sans loi, sans roi ». Sans foi, c'est-à-dire sans religion, parce qu'il n'y avait aucun des signes extérieurs de la religion connus des Occidentaux (pas de culte, pas d'églises, pas de clergé). Sans loi parce qu'il n'y avait aucun système juridique visible. Sans roi parce qu'il s'agissait de sociétés sans chef.

Ailleurs, dans d'autres cultures, on tendra au contraire à traiter les non-humains comme des humains du fait des qualités sociales ou psychiques qu'on leur prête ; on trouvera alors normal, en Amazonie ou en Sibérie, par exemple, de demander à un animal que l'on chasse de ne pas se venger, ou encore de faire fouetter une montagne pour la punir de s'être mal conduite.

Ce à quoi nous sommes attachés, la manière dont nous organisons notre vie commune, les forces invisibles auxquelles nous croyons ou non, les liens de parenté, tout cela fait partie du mobilier de nos mondes et existe de façon si spontanée pour chacun d'entre nous que l'on peine parfois à comprendre que d'autres, ailleurs, n'ont pas tout à fait le même mobilier.

6 LE MONDE EST NOTRE MAISON, SON MOBILIER EST IMPORTANT !
(Philippe Descola)

On peut dire que la culture est ce qui organise la façon dont nous meublons notre monde – de même que la façon dont nous meublons l'endroit où nous vivons reflète l'organisation de notre vie. C'est un peu comme dans un immeuble : les appartements changent d'aspect en fonction de la manière dont chaque famille organise son existence et dispose les meubles, les ustensiles et les objets. Mais ce mobilier qui varie dans chaque appartement présentera cependant des traits communs à l'intérieur d'une même culture et sera très différent du mobilier d'autres cultures – dans lesquelles on choisit de dormir dans des hamacs plutôt que dans des lits, ou de manger assis sur des coussins plutôt que sur des chaises.

Nous, les anthropologues, nous observons et analysons le mobilier des mondes, et la façon dont il est à la fois l'expression et la condition de la vie sociale, des relations entre les hommes et les femmes, entre les parents et les enfants, des valeurs, des systèmes politiques, etc. L'anthropologie permet de comprendre quel aspect, quelle dimension des choses une culture a choisi d'accentuer, ou au contraire d'ignorer, par rapport à d'autres.

C'est une connaissance indispensable pour échanger et partager avec les autres, y compris avec des hommes et des femmes très éloignés de nous : on ne peut avoir des rapports intéressants avec les autres que si l'on sait plus ou moins qui l'on est et si l'on ne se ressemble pas trop ; sinon, la monotonie gagne, puis l'uniformité.

7 DES CULTURES DIFFÉRENTES DISENT-ELLES TOUJOURS DES CHOSES DIFFÉRENTES ?

(Barbara Cassin)

Une langue, c'est comme le filet que le pêcheur jette en mer pour ramasser des poissons : selon la taille des mailles, selon l'endroit où on le lance, on ramène différents poissons. À chaque langue correspond une certaine vision du monde, une certaine culture : les langues et les cultures sont donc indissociables. À travers les langues, on peut donc comprendre et comparer ces différentes visions du monde.

Et puisqu'une langue ce n'est pas seulement des mots, mais des visions du monde différentes, certains mots sont intraduisibles. Par exemple, si je dis « bonjour », je ne dis pas tout à fait « *shalom* », comme en hébreu, ou « *salam* », comme en arabe : souhaiter à quelqu'un de passer une bonne journée, ce n'est pas la même chose que de parler de paix. Et quand on dit bonjour, on ne dit pas non plus « *khaïré* », comme les anciens Grecs, c'est-à-dire « Réjouis-toi, jouis », ni « *vale* », comme le disaient les Latins, ce qui signifie « porte-toi bien ».

Dire que ces mots sont « intraduisibles », cela ne veut pas dire qu'on ne peut pas essayer de les traduire pour se parler, pour communiquer : cela signifie qu'il faut faire attention à ce qui est dit quand on parle, et à ce que dit l'autre quand il parle.

> À l'école, il faudrait que les élèves voient d'autres langues au tableau. On ne peut pas leur dire seulement :
> – Asseyez-vous, taisez-vous et parlez français !

Alors comment s'entendre ? En écoutant les différences ! Il faut lire les textes, ou écouter les gens qui racontent leur culture quand elle n'est pas écrite. Même quand nous ne parlons pas une langue, écoutons-la, et observons-la pour comprendre ce qui change : l'ordre des mots dans la phrase, le genre des mots (féminin, masculin et, dans certaines langues, neutre), le mot qui se modifie quand il est sujet ou complément. Tout cela permet de comprendre que nous parlons une langue parmi d'autres, pas « la » langue (contrairement aux anciens Grecs qui pensaient qu'ils parlaient *la* langue universelle de la raison…).

Une langue, ça n'appartient à personne en particulier. Il ne faut pas enraciner une langue dans un peuple, mais il faut au contraire la faire circuler. En écoutant la langue des autres, en parlant plus d'une langue, on découvre une autre manière de voir le monde et on se connaît mieux, puisqu'on peut se regarder depuis un autre point de vue.

8 ANTHROPOCENTRISME : ATTENTION, DANGER !

(Philippe Descola)

Les premières réflexions systématiques sur la diversité culturelle sont nées avec les premiers géographes, Hérodote en Grèce ancienne, Ibn Battûta dans le Maroc médiéval et, en Europe à partir du XVIe siècle, avec les premiers explorateurs et naturalistes, puis les premiers ethnographes à partir de la deuxième moitié du XIXe siècle, mais aussi les missionnaires chargés de convertir au christianisme les peuples soumis par les puissances coloniales, les militaires, les marchands, les administrateurs. Tous ces gens se sont répandus sur la planète et ont commencé à décrire la façon dont vivaient et s'organisaient les autres peuples. Mais ils l'ont fait avec leur vision du monde, leur éducation, et donc leurs préjugés, c'est-à-dire en jugeant les autres à partir de critères qu'ils tenaient pour légitimes dans leur propre culture : ils pratiquaient l'ethnocentrisme sans le savoir.

> Pour comprendre les hommes et les femmes qui vivent très différemment de nous, il est important de se rendre compte que l'on promène toujours son propre mobilier avec soi.

Un ethnographe russe du début du XXe siècle, Waldemar Bogoras, a étudié des gens qui s'appellent les Tchouktches, qui vivent dans la partie la plus orientale de la Sibérie. Il a observé que pour eux, les ombres sur les murs vivent dans des villages où elles subsistent en chassant. Ils savent bien qu'une ombre est causée par l'interruption d'une source lumineuse par un corps, néanmoins, pour eux, ces formes ont une certaine autonomie. Cette façon de voir les choses est très différente de la nôtre, mais cela ne signifie pas que ces gens sont des imbéciles !

9 NOUS, ÊTRES HUMAINS, QUE PARTAGEONS-NOUS VRAIMENT ?
(Joël **Candau**)

Une première réponse s'impose : outre notre nature sociale (nous vivons en groupe), les humains partagent une nature puissamment culturelle : c'est elle qui signe l'identité de notre espèce (*Homo sapiens*). Chaque être humain, sans exception, est culturel au sens anthropologique de ce terme : cela signifie qu'il a en commun avec certains de ses semblables des manières d'être, de faire, de penser qui ne sont pas des automatismes biologiques (comme la digestion ou le sommeil) et qui sont à l'origine de la diversité culturelle. Cette aptitude naturelle à la culture s'exprime massivement dans l'environnement sous des formes très variables : institutions sociales, objets, langage, savoir-faire, etc.

On compte de nombreux autres traits communs à tous les êtres humains. La mobilité, par exemple, qui est à l'origine des migrations et qui, historiquement, est une constante de notre comportement : nous nous déplaçons, nous changeons de territoire en fonction de nos envies et de nos besoins, et nous sommes capables de nous adapter à de nouveaux environnements.

Nous avons d'autres traits en commun, bien entendu : la curiosité intellectuelle, l'humour, une aptitude à coopérer au-delà du groupe d'appartenance (c'est-à-dire au-delà de notre famille, de notre « communauté », de notre pays, etc.) ou (et c'est une caractéristique moins flatteuse) notre nature de super-prédateur qui menace d'extinction un grand nombre d'autres espèces vivantes. Tous ces traits sont liés à notre nature culturelle.

À quoi doit-on notre nature profondément culturelle ? On l'explique souvent par la puissance du cerveau humain. Ce point de vue est exact, mais il oublie un fait essentiel : notre cerveau est si puissant parce que le contexte socio-culturel agit sur son extraordinaire plasticité. Cela signifie que notre cerveau est façonné non seulement par l'évolution mais aussi par la culture.

On appelle plasticité du cerveau la capacité qu'a ce dernier de s'adapter en fonction des expériences vécues.

C'est un trait fondamental que nous partageons tous, pour le meilleur mais aussi pour le pire. En effet, en fonction de nos choix politiques et culturels, l'effet prolongé de l'environnement social sur nos cerveaux peut favoriser l'expression de nos aptitudes les plus nobles (l'art, la science, la solidarité) ou les plus détestables (les discriminations, le racisme, les guerres, le terrorisme) qui nous font alors malheureusement oublier l'unité du genre humain.

*"culture" en chinois.

10 QU'EST-CE QUE LA MÉMOIRE COLLECTIVE ?

(Joël Candau)

Nous avons tous une mémoire, des souvenirs, et ce sont des éléments constitutifs de notre personnalité et de notre identité.

En plus de cette mémoire personnelle, que chacun d'entre nous possède, existe-t-il une mémoire collective, des souvenirs du passé qui, partagés par un ensemble d'individus, seraient à la base d'une identité commune ? Les habitants d'un quartier, d'une ville, voire d'un pays tout entier peuvent-ils partager les mêmes souvenirs ? C'est une hypothèse fragile, et la réponse diffère selon le type de mémoire considéré : protomémoire, mémoire ou métamémoire.

Le préfixe « proto » signifie « antérieur à » ou « au début de ».

La protomémoire inclut les apprentissages acquis pendant l'enfance, le plus souvent en famille : gestes, manières de parler, habitudes, goûts et dégoûts, etc. Cette protomémoire, dont nous ne sommes généralement pas conscients, constitue le savoir et l'expérience les plus solides et les mieux partagés.

Le partage de la mémoire proprement dite (rappel de souvenirs, reconnaissance d'événements déjà vécus) est bien moins évident. Il diminue notamment en fonction de la taille du groupe considéré : c'est bien entendu plus facile au sein d'un petit groupe (famille, bande d'amis) que dans une grande population (« les Français »). Et il est plus facile de partager des faits, par exemple un événement (« le 13 novembre 2015, 130 personnes ont été assassinées lors de plusieurs attentats à Paris ») que la signification donnée à cet événement, qui sera variable selon les appartenances politiques, religieuses, culturelles, etc.

La métamémoire, enfin, est le discours que les membres d'un groupe tiennent sur les représentations du passé (les souvenirs) qu'ils partagent ou croient partager.

> Le préfixe « méta » signifie « à propos de ».

On peut entendre, par exemple, des politiciens affirmer : « Nous, Français, avons tous la même mémoire collective. » Cette affirmation n'implique évidemment pas que cette mémoire existe, mais elle a une fonction sociale décisive : habilement instrumentalisée, elle nourrit l'imaginaire des membres du groupe et renforce leur sentiment d'être une communauté dotée d'une identité collective. Face à cela, il importe de rappeler plusieurs choses :

> Instrumentaliser signifie utiliser dans un but bien précis, pour atteindre un objectif.

1. ce que nous prenons pour une mémoire collective n'est souvent qu'une métamémoire collective, c'est-à-dire le récit partagé d'une mémoire supposée commune : cela signifie que nous ne nous souvenons pas de l'événement en question, mais du récit qui nous en a été fait ;

2. ce récit peut conduire à exclure celles et ceux avec qui l'on croit ne pas partager cette mémoire (comme lorsque l'on parlait en cours d'histoire de « nos ancêtres les Gaulois », voir page 56) ;

3. l'enjeu des grands récits aujourd'hui est de passer d'une (méta) mémoire collective exclusive des « autres » à une (méta) mémoire collective qui inclut tous les individus dans la société.

« On est presque tous Français, mais on n'a pas forcément la peau blanche et le visage européen. On ne sait pas vraiment qui on est et qui sont les autres. On vit plus côte à côte qu'ensemble…

Les mythes de la femme oiseau, de la fée et du dragon, et tant d'autres se ressemblent beaucoup, peu importe le continent. Peu importe aussi la confession des uns et des autres — d'ailleurs nous ne sommes pas tous croyants. C'est important d'étudier les mythes pour ne pas faire l'impasse sur nos cultures et se donner la possibilité de s'ouvrir sur toutes les cultures, pour vraiment comprendre les autres. »

S. (élève de l'Anthropologie pour tous)

« Un pays n'est pas composé d'une seule culture, d'une seule façon de vivre, d'une seule langue, d'une seule population… mais de plusieurs. Lorsqu'on sort de chez soi, on peut voir des Africains, des Maghrébins, des Asiatiques, des Européens, des Américains. Un pays, c'est comme un petit monde où se réunissent les gens. Pour vivre ensemble dans ce pays qui est le nôtre, il faut connaître l'autre.

Cependant, de nos jours, les relations humaines sont plutôt conflictuelles ; les préjugés, le mal et la peur sont présents parce que les gens ne comprennent pas le mot « homme ». Nous sommes une espèce et pourtant nous sommes si dispersés.

J'ai appris et compris les cultures d'origine de mes camarades, on a rigolé, on s'est entraidés, on s'est compris. »

Vanessa Hoang Quang (élève de l'Anthropologie pour tous)

11 POUR S'INTÉGRER À UNE NOUVELLE CULTURE, FAUT-IL REMETTRE LA SIENNE EN CAUSE ?

(Christian Baudelot)

Les pouvoirs politique ou religieux ont souvent tendance à considérer qu'il est impossible (et donc interdit!) d'appartenir à deux cultures. Ainsi, les croisades et les guerres coloniales avaient pour but d'imposer par les armes la culture chrétienne (ses croyances, ses traditions, ses mœurs…) aux peuples soumis qui devaient renoncer à leurs propres croyances et traditions.

Anacharsis était un Scythe qui vivait au VIᵉ siècle avant J.-C. Il avait intégré la culture des Grecs qui le considéraient comme l'un des Sept Sages. Revenu dans son pays, il s'est fait assassiner pour avoir célébré un rite grec. « Il est mort victime des coutumes étrangères qu'il avait adoptées! », a écrit à son sujet Hérodote, le père de l'anthropologie.

L'ethnocentrisme est le fait de considérer que la meilleure culture est la sienne, toujours considérée comme supérieure aux autres.

Cet ethnocentrisme existe toujours aujourd'hui, sous la forme d'intégrismes de toutes sortes – y compris de la part d'élus politiques français qui font campagne pour que l'on oblige les enfants à manger du porc à la cantine, par exemple…

Pourtant, notre République permet tout à fait que de multiples cultures cohabitent, car elle distingue ce qui est privé de ce qui est public. Et dans le domaine privé, tout est permis : rites et croyances, fêtes religieuses, langue, modes d'alimentation, tenues vestimentaires...

Dans la réalité, dans la vie des individus, on voit bien que les cultures sont compatibles. La cuisine française, sans rien perdre de ses qualités, s'est enrichie des kebabs et des pizzas, des sushis et des merguez, et d'une immense quantité de spécialités venues du monde entier ; un catholique pratiquant n'a pas le sentiment de renier sa religion en se régalant d'un couscous, pas plus qu'un jeune d'Aubervilliers n'a peur de trahir sa banlieue en supportant le PSG ou l'OM ; les mariages unissant des couples d'origines et de cultures différentes sont nombreux... et la société française devient progressivement multiculturelle.

12 ET QUAND ON VIT ENTRE DEUX CULTURES?
(Fabien Truong)

Il est très fréquent de vivre entre deux cultures. Et il n'est pas nécessaire d'aller chercher très loin pour s'en rendre compte.

L'école, par exemple, est un monde fermé, qui transmet une culture très différente de celle de nombreuses familles. Car la culture de l'école, ce n'est pas seulement une somme de connaissances et de savoirs. C'est aussi une façon de parler, de se tenir, de se comporter, un ensemble de codes et d'exigences qu'il faut déchiffrer et maîtriser.

Quand on vit entre deux cultures, il faut apprendre à construire des ponts pour passer de l'une à l'autre, mais il faut aussi savoir couper ces ponts pour que le fait d'intégrer cette nouvelle culture ne crée pas une distance insurmontable entre la vie à la maison et la vie à l'école.

Ne pas oublier d'où on vient, être conscient et fier de la richesse de sa culture familiale tout en découvrant un nouveau monde, c'est le fait d'un long apprentissage: ce n'est pas si facile et cela prend du temps.

La promesse faite par l'école à tous les élèves est la suivante: s'ils travaillent, ils réussiront. Ce n'est pas faux (puisqu'il est impossible de réussir à l'école sans travailler), mais ce n'est pas tout à fait vrai non plus. Pour réussir à l'école, il faut faire des recherches dans des livres ou sur Internet, utiliser des références précises, parler une langue qui n'est peut-être pas la langue familiale, comprendre les consignes et ce qu'attendent les professeurs, se comporter d'une certaine manière en classe... Dans les familles où les parents ont déjà suivi cette voie et connaissent la culture de l'école, c'est plutôt évident. Mais lorsque le français n'est pas la langue maternelle, lorsque les parents n'ont pas fait d'études, ces choses-là ne sont pas

« naturelles » du tout ! Ce n'est pas une question d'intelligence, et ni l'élève ni ses parents ne sont « responsables » des difficultés que cela entraîne. Apprendre de nouvelles façons de s'exprimer, de travailler, de se tenir, de réfléchir, c'est quelque chose qui demande énormément d'efforts, et il y aura des déceptions. Mais c'est possible !

Une fois que l'on a compris et appris les codes de cette nouvelle culture, il faut apprendre à vivre avec. Réaliser que ce que l'on apprend à l'école peut aussi être important et utile dans la vie de tous les jours, pour sa famille par exemple, est une étape importante, comme dans le cas des démarches administratives compliquées qui deviennent plus faciles.

Réaliser que l'on peut se comporter et s'exprimer de manières très différentes à l'école et avec ses proches, c'est très important : savoir manier de nouveaux codes n'implique pas nécessairement de rejeter ceux qui vous ont construit auparavant. C'est souvent dans ces mouvements d'aller-retour permanents que se cachent les sources de la richesse et du renouvellement.

« Finalement on n'est pas si différents ! Je l'ai compris en voyant les similitudes entre les mythes : par exemple une similitude de près de 90 % entre un mythe de mon origine (kabyle) et un mythe d'origine congolaise !

Travailler sur ce sujet m'a permis d'avoir une relation particulière avec ma famille. Je n'avais pas l'habitude de parler de ce sujet, mais là ma mère, mon père et même ma grand-mère s'y sont beaucoup intéressés et m'ont apporté leur connaissance de notre culture.

Dans un pays comme le nôtre, où toutes les origines et les cultures se mélangent, la seule façon de s'entendre est de s'écouter. Cela va permettre de sortir des relations entre communautés pour créer UNE communauté fraternelle.

Si je devais retenir un seul mot, ce mot serait UNITÉ.

Mohand R. Ait Amara (élève de l'Anthropologie pour tous)

« L'anthropologie, c'est une science qui permet d'apprendre les autres. Je trouve que la phrase « La culture de tous, la culture pour tous » est une bonne définition de ce que cela peut nous apporter. En nous permettant finalement d'apprendre l'humanité, l'anthropologie nous apprend aussi à désamorcer les conflits.

Srivipusha Sripathy (élève de l'Anthropologie pour tous)

13 LES HOMMES ONT-ILS BESOIN DES DIEUX ?

(Françoise Héritier)

On appelle sacré ce qui est hors du monde quotidien, dicte des valeurs qui orientent la conduite, inspire le respect ou la peur.

Toutes les sociétés élaborent des systèmes religieux, s'inventent des dieux. Mais en fait, pour être tout à fait précis, ce n'est pas vraiment de dieux mais de sacré, dont nous, les humains, avons besoin.

Les forêts sacrées, en Afrique, sont de simples bosquets. Il suffit parfois d'une marque sur le sol pour les désigner comme tel : on n'y pénètre pas, ou seulement sur autorisation, justement quand on est en train de se plier aux exigences du sacré. Mais aussi simple et modeste soit-il, entrer dans un espace sacré, quelle que soit sa nature (une église, un temple, une cathédrale, un sous-bois), procure aux hommes un sentiment d'élévation, reconnecte l'homme à une force présente dans la nature et dans laquelle il se sent englobé.

Qu'est-ce que l'animisme ?

L'animisme est une façon de concevoir les relations entre les hommes et la nature. C'est plus qu'une simple croyance, et ce n'est pas une religion. L'animisme ne cherche pas à gagner du terrain et n'oblige personne à prêcher la bonne parole. Il faut simplement être et vivre du mieux possible. On ne vit pas pour son salut, mais pour avoir une meilleure vie sur Terre. Cela ne suppose pas un dieu qui nous aurait créés, qui nous aurait faits plus beaux ou plus intelligents que le voisin, ou bien nous aurait ôté quelques atouts.
L'animisme, reconnaît que la place que nous occupons dans la nature n'est pas laissée au hasard et qu'elle doit tout à la chaîne de ceux qui nous ont précédés et à la nature qui nous y tolère et qui nous permet d'y prospérer. Il faut donc respecter la nature et respecter les anciens. Je trouve cela magnifique.

Le sacré c'est cela : une croyance, une dimension nécessaire aux humains pour les inscrire dans l'histoire de l'humanité.

C'est en cela qu'il y a une différence importante entre la religion et ce sentiment du sacré. Car la religion, ce n'est pas simplement une histoire de foi, de croyance. La religion c'est aussi une institution qui, avec ses représentants, ses obligations, ses lois, cherche à obliger et à contraindre pour être la plus puissante possible.

14 À CHAQUE CULTURE SES CROYANCES ?
(Jean-Loïc Le Quellec)

Les croyances, le sacré, les dieux, les mythes sont au cœur des cultures, partout sur la planète… L'anthropologie ne se préoccupe pas de savoir si les dieux existent, si les mythes ont un fond de vérité, si untel a « raison » et si tel autre a « tort ». Ce qui intéresse les anthropologues, c'est de comparer les descriptions que font les différents groupes humains de leur « mobilier du monde », pour reprendre l'image utilisée par Philippe Descola (voir page 22).

Dans certains groupes, on pense plutôt qu'il n'y a qu'un seul dieu, ailleurs on estime qu'il y en a deux ou plus, certains croient qu'ils sont au contraire très nombreux, d'autres enfin affirment qu'il n'y en a pas. Quelle que soit l'option adoptée, elle participe toujours d'un récit sur le monde, c'est-à-dire d'un mythe.

L'ensemble de ces récits fait une belle cacophonie ! Eh oui, il ne peut à la fois y avoir un dieu et plusieurs, ou pas du tout, bien que chaque groupe pense bien souvent connaître la vérité absolue sur ce point. Les discussions à ce propos peuvent être sans fin, et il peut arriver qu'elles s'enveniment.

Ce que propose l'anthropologue, c'est de prendre de la distance. Et pour cela, de recueillir ces récits et les comparer. En effet, on peut alors les transcrire, les traduire, essayer d'élucider leurs parties « intraduisibles » (voir page 24) ; on peut étudier leur forme et leur fonction, la façon dont ils se développent, leur degré de ressemblance, les procédés poétiques qu'ils utilisent, etc. Et sur tous ces points, on peut se mettre objectivement d'accord en argumentant de façon rationnelle, et en mettant entre parenthèses la question de la croyance, qui ne relève que de la conviction personnelle, et non de l'approche scientifique.

C'est ce que propose le projet de « L'Anthropologie pour tous » : au lieu de débattre sans fin au sujet des croyances, au lieu de rejeter, parfois violemment, celles qui contredisent les nôtres, exposons nos mythes, examinons-les, partageons-les, comparons-les ! Nous verrons alors que ces récits ont une histoire, voire une préhistoire, qu'ils sont extrêmement variés selon les cultures, qu'ils accompagnent l'humanité depuis toujours, et que les mêmes légendes sont regardées comme vraies ici, et comme fausses ailleurs. Faire ce travail, c'est être mythologue.

15 D'OÙ VIENNENT LES MYTHES ET À QUOI SERVENT-ILS?
(Jean-Loïc Le Quellec)

Les mythes existent partout, dans toutes les cultures. L'origine des mythes les plus anciens ne sera sans doute jamais connue mais on sait, grâce aux travaux des scientifiques, que plusieurs des grands récits sur la naissance du monde et des hommes qui sont encore racontés de nos jours l'étaient déjà en Afrique, il y a environ 100 000 ans.

Les mythes racontent et expliquent la naissance du monde et des hommes, les relations des hommes avec les dieux et entre eux. Ce sont des histoires qui aident les humains à comprendre comment est né et comment fonctionne le monde dans lequel ils vivent, c'est pourquoi nous en avons tant besoin !

Dans les années 1950, le grand anthropologue Claude Lévi-Strauss a compris et démontré que ces récits aident les humains à affronter les contradictions auxquelles ils se heurtent, en les déplaçant dans un contexte imaginaire, comme le font les contes, par exemple...

Quand on étudie les mythes du monde entier, on a au départ le sentiment d'être devant une réserve inépuisable d'histoires. Puis on s'aperçoit que certains mythes se ressemblent énormément, qu'ils ont des points communs, des sources d'inspiration communes, et finalement on retrouve les mêmes récits d'une culture à l'autre...

Un mythe est donc une histoire… mais pas seulement ! Ils servent aussi parfois à masquer, voire à justifier, des formes de domination sociale (par exemple celle des hommes sur les femmes). Ainsi, l'arrivée des Européens chez de nombreux peuples a suscité chez eux la création de mythes expliquant la supériorité technologique des nouveaux venus, en particulier la possession de l'écriture, du fer, et de richesses apparemment inaccessibles.

> On parle de domination sociale lorsque dans une société, une catégorie de personnes impose sa volonté aux autres catégories moins puissantes qu'elles.

Enfin, dire une histoire est souvent un excellent moyen de faire passer un message. Le mythe est avant tout un art du récit, et nous adorons tous entendre des histoires lorsqu'elles sont bien racontées. C'est pourquoi la propagande et la politique utilisent souvent les mythes (nous en reparlerons au chapitre 18).

> La propagande, c'est l'action de diffuser une idée (politique par exemple) et de convaincre les gens grâce à des affiches, des messages à la radio, des caricatures…

Maître Corbeau, sur son arbre perché, tenait dans son bec, la Vie et la Mort, Maître Coyote, par l'odeur alléché…

Dans les mythes d'Amérique du Nord, on retrouve très souvent le corbeau et le coyote. C'est parce que ces récits mettent en scène l'opposition entre la vie (l'agriculture) et la mort (la guerre) en leur ajoutant un troisième élément (la chasse). Ces trois éléments y sont représentés par des animaux : des herbivores, des charognards et des prédateurs. Le coyote et le corbeau, qui sont des charognards, permettent de régler l'opposition entre la vie et la mort puisqu'ils mangent de la viande, comme les prédateurs, mais ne tuent pas, comme les herbivores.

UN MYTHE VOYAGEUR…
(Jean-Loïc Le Quellec)

Comme nous venons de le voir, les mythes se promènent d'un continent à l'autre, entre des groupes humains qui n'ont pourtant pas de contacts entre eux… C'est normal car les questionnements des humains sont les mêmes dans toutes les cultures.

Voici un exemple de mythe voyageur.

> Dans les jours anciens, il y a très, très longtemps, les animaux étaient des êtres humains. Parmi eux, Loup et Coyote étaient les plus importants.
> Loup, le créateur, était très raisonnable, mais Coyote tentait toujours de faire le contraire de ce que Loup faisait.
> Un jour, Loup décida que lorsqu'un être humain mourrait, on pourrait le ramener à la vie en lui décochant une flèche par-dessous. Mais Coyote fut d'un autre avis : « Cela ne serait pas bien car il y aurait trop de monde sur la Terre. Avec le temps, il ne pourrait pas y avoir de place pour tous ces gens. Non, laissons l'homme mourir, sa chair pourrir et son esprit s'envoler au loin avec le vent, de sorte qu'il n'en reste plus qu'un tas d'os desséchés. »
> Loup, toujours raisonnable, se rangea à cet argument et abandonna son idée. Mais dans son cœur, il décida que le premier à mourir serait le fils de Coyote. Ainsi souhaita-t-il la mort de l'enfant ; et juste parce qu'il le souhaitait, c'est ce qui arriva.
> Coyote arriva bientôt chez Loup, pour lui annoncer que son fils était mort, et rappeler à Loup qu'il avait naguère suggéré qu'on pourrait ramener les gens à la vie en leur décochant une flèche par-dessous. Mais Loup rafraîchit la mémoire de Coyote en lui rappelant comment lui-même avait décidé que les gens mourraient pour toujours. Et c'est pourquoi c'est devenu comme ça.
>
> Mythe recueilli chez les indiens Soshone du Nevada, et que l'on trouve aussi dans l'Idaho, le Wyoming et l'Utah.

Un jour, le créateur Naiteru-kop déclara au patriarche Le-eyo que si un enfant venait à mourir, il faudrait jeter au loin son corps en disant : « Homme, sois mort et reviens ; Lune, soit morte et restes-y. » De fait, un enfant décéda peu de temps après, mais ce n'était pas l'un de ceux de Le-eyo, qui se dit : « Après tout, cet enfant n'est pas le mien, alors quand je jetterai son corps, je dirai : "Homme, sois mort et restes-y ; Lune, soit morte et reviens." »
Il se débarrassa du corps en disant ces mots, puis rentra chez lui.
Un peu plus tard, le propre fils de Le-eyo mourut. Cette fois Le-eyo prononça les bonnes paroles : « Homme, sois mort et reviens ; Lune, soit morte et restes-y. »
Mais Naiteru-kop lui déclara : « Ces paroles sont inutiles, maintenant, car tu as tout gâché en changeant la formule la première fois. »

C'est pourquoi, désormais, lorsqu'un homme meurt, il ne revient pas, tandis que lorsque la Lune disparaît, elle réapparaît et nous pouvons la voir de nouveau.

Mythe recueilli chez les Massai d'Afrique de l'Est.
Source : Sir Alfred Claud Hollis, 1905, *The Masai : their language and folklore*, Oxford, The Clarendon Press, XXVIII-356 (p. 371-372).

Ah non, y a pas de marche arrière.

16 MYTHOLOGIE ET RELIGION : EST-CE PAREIL ?

(Jean-Loïc Le Quellec)

Non, ce sont deux choses vraiment différentes. La mythologie concerne tous les peuples : à chaque culture, ses mythes, sa vision et ses récits de création. La religion, elle, est loin d'être universelle et de nombreux hommes et femmes vivent sans religion. D'ailleurs, tous les peuples étudiés par les anthropologues ont un mot pour désigner les mythes, alors que le mot « religion » est absent de la plupart des langues du monde (africaines, américaines, orientales...).

Dans chaque groupe humain, on trouve des mythes qui sont des histoires du monde, qui racontent comment les choses et les êtres sont apparus, ou sont devenus ce qu'ils sont maintenant, bref, qui expliquent pourquoi le monde est tel qu'il est. Un mythe raconte toujours qu'à une époque très ancienne, les choses étaient différentes de ce que nous connaissons aujourd'hui (par exemple, les hommes ne mouraient pas), puis survint un événement (quelqu'un a commis une faute), qui provoqua la situation actuelle (nous sommes mortels).

Il y a des mythes cosmogoniques (sur l'origine du monde), anthropogoniques (sur l'origine de l'humanité), ethnogoniques (sur l'origine des peuples), sociogoniques (sur l'origine

> Même si les religions ne sont pas universelles, puisqu'elles ne concernent pas toute l'humanité, elles se considèrent comme telles, c'est-à-dire qu'elles pensent concerner toute l'humanité. Selon les époques et selon les endroits, elles ont eu ainsi tendance à vouloir dominer ou même remplacer les autres façons de penser le monde ; par exemple au XVIe siècle lorsque les Européens ont découvert l'Amérique, puis durant la colonisation.

des groupes sociaux), étiologiques (sur l'origine de ce que l'on observe dans la nature, comme le fait que tel animal ait une queue, et tel autre non), etc.

Mythos les mythes ?

Dans la langue courante, « mythe » est souvent compris comme un « mensonge », une « invention sans rapport avec la réalité », alors que dans toutes les sociétés, le mythe est considéré comme une histoire vraie et même fondatrice, rarement remise en cause. Pour considérer qu'un récit est mythique, il faut en être éloigné, dans le temps ou dans l'espace. Ainsi, nous savons très bien reconnaître les mythes des anciens Égyptiens ou ceux de la Grèce antique, comme aussi ceux des Bororo ou des Papous, mais nous sommes généralement incapables de reconnaître les nôtres !

Ce que l'on appelle la « religion » (par exemple, le christianisme, l'hindouisme, le judaïsme ou l'islam) s'appuie aussi sur des histoires de la création du monde, de l'homme, de la femme, des animaux… Mais la religion ne se contente pas de ces récits : ces derniers s'accompagnent de rites (les cérémonies lors des moments importants de la vie : naissance, mariage, décès…), de règles (ne pas manger tel aliment…), d'institutions (par exemple l'Église catholique), d'une hiérarchie avec des officiants (imams, rabbins, prêtres, pasteurs…), des lieux spécialisés (une église, une synagogue, un temple, une mosquée…).

Une hiérarchie est une organisation qui classe les personnes ou leurs fonctions selon un degré de responsabilité et de pouvoir.

« Connaître ses mythes permet de comprendre d'où est-ce que l'on vient, mais également d'apercevoir une partie de la richesse culturelle du monde entier, puisque nous sommes finalement constitués par plusieurs cultures différentes. Mes parents viennent du Viêt Nam, mais je suis né et ai grandi en France, ce qui me donnait parfois l'impression de mener deux vies différentes entre la vie au lycée et la vie à la maison.

Il n'y a pas d'infériorité ni de supériorité culturelle : toutes les conceptions du monde sont incroyables, riches, exceptionnelles, aussi magnifiques les unes que les autres.

Connaître les mythes et les coutumes de mon pays d'origine me permet indéniablement de mieux comprendre mon histoire et d'en être fier.

Mes deux vies font partie intégralement de mon être et de mon identité, les opposer n'a plus vraiment de sens. Plutôt que me dire « Je suis un Vietnamien parmi les lycéens, un lycéen français dans ma famille de Vietnamiens », je me disais plutôt « Je suis un lycéen français d'origine vietnamienne », quel que soit le lieu où je me trouve.

L'individu que je suis se construit à partir de fondations variées.

Antoine Pham (élève de l'Anthropologie pour tous)

17 FABRIQUE-T-ON ENCORE DES MYTHES AUJOURD'HUI ?

(Stéphane François)

Comme nous l'avons vu, les mythes sont indispensables aux humains pour leur fournir des explications sur le monde dans lequel ils vivent, c'est pourquoi on en fabrique toujours aujourd'hui... L'un des mythes contemporains les plus célèbres est celui des Illuminatis : en tapant simplement « Illuminati » sur Google, on trouve près de 41 millions de réponses provenant du monde entier.

Les Illuminés, qui sont à l'origine du mythe des Illuminatis, étaient une société secrète progressiste apparue en Bavière au XVIIIe siècle. Ses membres sont arrêtés et persécutés et, petit à petit, l'ordre disparaît... Il réapparaît sur Internet à partir des années 2000.

On dit que les Illuminés (rebaptisés Illuminatis) ont infiltré les rouages du pouvoir : les banques, les industries, les grands médias, le show-business..., et qu'ils manipulent les dirigeants politiques. Leur objectif aurait changé en même temps que leur nom : il ne s'agit plus d'œuvrer pour le progrès de l'humanité, d'éduquer les gens pour leur donner un avenir meilleur, mais au contraire de provoquer des crises financières, des attentats terroristes, de promouvoir l'usage des drogues, et d'appauvrir les populations pour mieux les contrôler et les asservir.

Ce nouveau mythe est à la base d'une théorie du complot qui se diffuse dans la culture populaire : on le retrouve dans des films américains, comme *Lara Croft: Tomb Raider* (2003), *Anges et Démons* (2009), *Benjamin Gates et le livre des secrets* (2007), dans des bandes dessinées comme *Hellboy* ou *Les portes de Shamballah*, dans des romans, comme *Anges et Démons* de Dan Brown (2000), ou encore *Illuminatus,* un roman de science-fiction de Robert Anton Wilson. En musique aussi, les références aux Illuminatis sont fréquentes, surtout dans le rap.

Dans un monde qui fait peur et où il est difficile d'avoir des repères, où les informations sont si nombreuses qu'elles se contredisent et que l'on ne sait plus qui croire, il est plus facile d'adhérer à une théorie du complot telle que le mythe des Illuminatis que de chercher à s'y retrouver dans tant de complexité – et surtout d'absurdité. Il est plus facile de dénoncer l'action d'une société secrète que de reconnaître que le monde évolue trop vite pour le comprendre. Enfin, les Illuminatis, comme toutes les théories du complot, permettent aussi de combler les trous de notre histoire récente : grâce à eux, il n'y a plus d'inconnu(e)-s, de mystères, d'incompréhensions : ainsi, on apprend qu'Hitler était aux ordres des Illuminatis et pratiquait la magie noire, que l'assassinat de Kennedy est lié à l'implantation de bases extraterrestres dans le désert américain, ou encore que les derniers progrès techniques sont issus de technologies extraterrestres...

Mais le mythe des Illuminatis n'est pas anodin. Entre le XVIIIe siècle et aujourd'hui, il a fait un long détour par l'extrême droite. C'est un mythe raciste, antisémite, antirépublicain, et antidémocrate.

18 LA RÉPUBLIQUE EST-ELLE CONSTRUITE SUR DES MYTHES ?

(Stéphane François)

Eh bien oui, notre République s'est construite sur des mythes ! Elle a ses mythes des origines et ses grands récits de création…

Certains des mythes fondateurs républicains sont très anciens et se réfèrent à la Révolution française. Par exemple la devise « Liberté, Égalité, Fraternité » : elle met fin à la société d'ordres de l'Ancien régime, dans laquelle certains étaient libres, et d'autres pas, et dans laquelle ni l'égalité ni la fraternité n'existaient puisque la société était divisée entre nobles, bourgeois, et serfs ! Cette devise est faite pour mettre en avant une République solidaire, fraternelle et composée de personnes libres. On peut dire que c'est un mythe fondateur car c'est le socle de notre société… alors que cette devise est loin d'être une réalité, nous le constatons chaque jour…

Parmi les mythes fondateurs de la République française, il y a également le célèbre « Nos ancêtres les Gaulois », thème important de la Troisième République, qui visait à faire croire que tous les citoyens de ce pays auraient des ancêtres communs. Même si ce n'est plus enseigné aujourd'hui, l'histoire que l'on apprend à l'école reste très centrée sur celle de la France. L'histoire de l'Afrique, par exemple, est très peu enseignée alors que de nombreux citoyens de notre pays en sont originaires. « Nos ancêtres les Gaulois » devait installer l'idée que les « vrais » Français étaient tous des descendants de paysans gaulois, asservis par des envahisseurs Francs (donc germaniques) qui sont quant à eux les ancêtres des aristocrates. À travers ces lunettes légèrement déformantes, la Révolution française apparaît comme le triomphe du « peuple français » sur les « envahisseurs germaniques ».

Un autre mythe fondateur est le « mythe de Valmy », selon lequel, en 1792, « le peuple en armes » a repoussé l'attaque de l'armée prussienne. En réalité, ce n'est pas « tout le peuple » qui a repoussé l'armée prussienne, mais une armée de soldats auxquels sont venus s'ajouter des volontaires.

Parmi les autres grands mythes de notre imaginaire républicain, plusieurs proviennent de la IIIe République (1870-1940) : l'école publique gratuite ; le service militaire égalitaire ; le service public ; la loi de 1905 sur la séparation de l'Église (catholique) et de l'État… Ce sont des mythes fondateurs, dans le sens où ils donnent une vision de la société française, une grille d'interprétation qui permet de la comprendre et qui offre des clés de « vivre ensemble » en mettant entre parenthèses les différences (ethnique, religieuses, culturelles).

Il est bouffé aux mythes.

19 QU'EST-CE QUI FAIT DE NOUS UNE SOCIÉTÉ ?

(Christian Baudelot)

Le mot latin socius *signifie l'associé, l'allié, le compagnon.*

« Société » est un mot d'origine latine qui évoque l'association, la réunion. Une société, c'est un ensemble d'individus associés les uns aux autres. Ces individus ne sont pas nécessairement des humains : il existe des sociétés animales, et d'ailleurs, certaines sociétés humaines considèrent que des animaux ou même des objets sont des individus à part entière.

> Il existe de multiples façons d'associer entre eux des individus, et les tailles de ces associations sont elles aussi très diverses : des plus petites (un couple, une famille, un groupe d'amis, un collège ou un lycée…) jusqu'aux plus grandes (une région, un pays, voire un ensemble de pays – l'Europe par exemple).

Tous ces ensembles ont, dans leur diversité, quelque chose en commun : celles et ceux qui les composent ont le sentiment que ce qui les réunit est plus fort que ce qui les sépare.

Ces individus ne sont pas liés par un sentiment personnel : il n'est pas indispensable de s'aimer (ni même de se connaître !) pour se sentir appartenir à une société. Ils sont liés par des valeurs communes, des façons de faire les choses, des traditions, des institutions (par exemple l'école, la sécurité sociale ou les élections), qui permettent à chacun de se sentir un membre à part entière de cette société et de bénéficier de ce qu'elle propose à ses membres. On appelle « lien social » la force qui lie entre eux les membres d'un groupe, d'un milieu, d'une nation.

Ce lien est plus ou moins fort selon les endroits, selon les époques, et surtout selon les rapports que les groupes d'individus entretiennent les uns avec les autres. Aujourd'hui, en

France (comme dans la plupart des sociétés modernes), le lien social est affaibli par la montée des inégalités et par l'individualisme, qui conduisent une grande partie de la population à se replier sur elle-même. Les inégalités, en creusant des fossés entre les groupes sociaux (les riches et les pauvres, ceux qui ont un emploi et ceux qui en sont privés, par exemple), affaiblissent le sentiment de vivre ensemble dans la même société. Elles nourrissent la méfiance et la peur des autres. On le voit bien à propos de l'accueil des réfugiés, mais aussi de toutes les personnes issues de l'immigration, souvent encore considérées comme des étrangers même si elles ont la nationalité française et vivent en France depuis plusieurs générations.

> Être individualiste, c'est penser que les intérêts particuliers des uns et des autres sont supérieurs à l'intérêt général, celui de la société tout entière.

20 LES VALEURS DE LA RÉPUBLIQUE SONT-ELLES UNIVERSELLES ?

(Christian Baudelot)

Il est difficile de répondre simplement, par oui ou par non, à cette question…

Les valeurs de la République française se sont élaborées progressivement aux XVIIIe et XIXe siècles, de la Révolution française à la Troisième République. Ces valeurs (la liberté, l'égalité, la fraternité et la laïcité) reposent sur deux principes fondamentaux : les citoyens de ce pays sont libres, égaux et ont les mêmes droits ; la République est indivisible, elle ne reconnaît pas de différences entre ses membres (différences ethniques, régionales, raciales, religieuses, entre les sexes, ou autres…).

> Être universel, cela signifie être valable pour tout le monde, et partout.

La dimension universelle de ces valeurs est évidente, et c'est ainsi qu'elles ont été conçues par les philosophes des Lumières qui voulaient libérer l'humanité tout entière du joug des monarchies et des despotismes, des inégalités de condition sociale et de la domination des pouvoirs religieux sur les consciences et sur les mœurs.

Mais cela suscite quand même quelques questions ! Au nom de ces valeurs universelles de la République, les conquêtes et les guerres coloniales des XIXe et XXe siècles ont été menées par la France et se sont traduites par la colonisation de territoires conquis par la force et aussitôt transformés en départements français. Les populations de ces territoires n'ont pas été traitées comme des citoyens à part entière. Les femmes aussi ont été exclues de ces grands principes pendant plus de deux siècles (elles n'avaient pas le droit de vote jusqu'en 1945, et ne pouvaient pas travailler ou ouvrir un compte en banque sans l'accord de leur père ou de leur mari jusqu'en 1965) !

Aujourd'hui, toutes les inégalités que l'on constate encore dans notre société (inégalités financières, inégalités de traitement selon le sexe, l'origine ou la culture...) remettent en cause le principe même de l'universalité des valeurs de la République.

La conception française des valeurs de la République – un citoyen avec un grand C, mais sans appartenance ethnique, sans religion, sans sexe, etc. – met souvent la France en porte-à-faux avec le droit international. Par exemple, les déclarations des Nations unies revendiquent les mêmes principes d'égalité mais sont plus ouvertes aux différences culturelles et linguistiques et à la protection des minorités.

REMERCIEMENTS

Nous remercions celles et ceux qui œuvrent avec nous à faire grandir les élèves du lycée Le Corbusier d'Aubervilliers, et particulièrement Christian Baudelot, Nicolas Grimal et Jean-Loïc Le Quellec, soutiens indéfectibles de ce projet.

Merci également au Groupe interacadémique pour le développement qui a contribué à la publication de ce travail collectif.

Que soient aussi amicalement salués tous les élèves, les anciens comme les nouveaux, qui ont participé à cette entreprise fraternelle et émancipatrice.

L'équipe de *L'Anthropologie pour tous* : Damien Boussard, Didier Georges, Valérie Louys, Isabelle Richer et Catherine Robert.

« Deviens ce que tu voudras », c'est la devise du projet Thélème, qui a lieu dans le cadre des activités culturelles du lycée Le Corbusier d'Aubervilliers. Il s'agit de proposer aux élèves volontaires un rapport à la culture et à la réflexion distancié, joyeux, et ouvert sur le monde. Saveur et savoir sont liés, comme sont liées culture et liberté, dans le plaisir de la découverte et des rencontres.

L'aventure de *L'Anthropologie pour tous* a commencé en novembre 2014, dans le cadre du projet Thélème. Nous le savons d'expérience et nous voulons en partager l'évidence : l'anthropologie et les sciences sociales sont le moyen d'un dialogue pacifique et d'un enrichissement mutuel pour ceux qui vivent ensemble tout en étant différents.

L'ANTHROPOLOGIE POUR TOUS

Graphisme : Julie Staebler
Suivi éditorial : Marianne Zuzula

Ce livre a été réimprimé en février 2022
sur les presses de l'imprimerie Pulsio (UE).

ISBN : 978-2-36012-071-0

Dépôt légal : mai 2016